스물다섯

* 이 도서의 국립중앙도서관 출판예정도서목록(CIP)은 서지정보유통지원시스템 홈페이지(http://seoji.nl.go.kr)와 국가자료종합목록시스템(http://www.nl.go.kr/kolisnet)에서 이용하실 수 있습니다. (CIP제어번호 : CIP2020031670)

스물다섯

최기쁨 지음

세상에 하나뿐인 나에게

너를 소중히 대하지 못해서 미안해.

시작하는 이야기

세상에는 너무 별의별 이야기들이 존재한다.

세상에 날아다니고, 여기저기에 흩어져 있다.

이 중 하나는 내 얘기일 것이고,
이 중에 하나쯤은 당신의 이야기일 것이다.

아무리 꺼내놓기 힘든 이야기라도
끝내 꺼내지 않는다면
자기가 스스로 박차고 세상으로 날아가리라.

어차피 날아갈 거,

마땅한 때에 마땅한 장소에서
날려보내주는 것이
좋지 않을까?

그게 누구였고, 누구인지는 새삼 중요치 않다.

그저 나를 피하지 않고,
마주할 용기가 있으며

나에게 느껴질 정도의 사랑을
곧이곧대로 보내주었다면
이미 충분하다.

그저 그런 당신이 내 앞에 존재하고,
내가 손을 뻗으면 닿을 거리에
서서 나를 기다려주고,

나를 사랑해 준다는 것에
분에 넘치게 감사하고
또 감격할 따름이다.

하루의 끝과
새벽의 시작.

딱 그 경계에 서서

햇살보다도 환하고 따스한
미소를 한 줌 쥐고,
바닥에 바람에
찬찬히 흩날려보낼 수 있길

기도합니다.

하루의 끝에서
어제의 새벽을 바라볼 때
설레임과 행복들이
가득한 기억들만
마음 두둑이 품고 있기를.

새하얀 눈송이가
바닥 위에 이불 덮어 주듯이
나의 하루에도
환한 미소가
햇살처럼 덮여 있기를.

꿈을 마무리짓고
하품하며 세상으로
퇴근할 때
네가 반겨준다면
참 행복할 것 같아.

세상에서 다시
꿈으로 출근할 때
네가 배웅해준다면
참 행복할 것 같아.

당신의 부모님께 감사드린다.

햇살 같은 너의 환한 미소를
내가 누리게 해주셨으니.

아버지가 어머니께 자주 하시는
말씀이 있다.

"만약에… 만약에
내가 먼저 하늘나라로 가게 되면
조금만 슬퍼하고,
최대한 빨리
좋은 사람 만나서 결혼해서
행복하게 살아야 돼 미봉. 꼭"

나에게 너무나도 소중하고
빛나는 사람에게

나 또한 너무 소중하고
빛나는 사람임을 깨달았을
때만큼

세상이 밝아보이고
사랑스러워 보일 때는
없을 거에요.

당신을 사랑하는 법을
알려주세요.

어떤 방식으로 당신을
사랑해야 할지
내게 살며시 말해줘요.

어려운 방법이라도
열심히 노력해 볼게요.

예쁘게만 봐주세요.

내가 알지 못했던 수많은 시간 속에서
항상 같은 자리에 존재하며,
나를 향해 시선을 보내주었던 당신이라는
존재 자체에 감사드립니다.

인식하지도 못하고 있던 시간을
"함께"라는 이름으로 채워주고,

버렸다고 생각했던 쓸쓸한 시간을
"우리"라는 이름으로 따뜻하게 밝혀주어

이제 내가 당신에게 한발짝 나아가
또다른 "함께"와 "우리"가
되어 보려 합니다.

내가 만약 흰 눈송이라면

제일 사랑하는 이의 손바닥 위에
살포시 내려앉아

그이의 소원을 이뤄줄 거다.

같은 하늘 아래에서
다른 방향을 바라보면서
다른 세상을 꿈꿀 때
숨통이 트여진다면,

언제까지고 등을 돌리고 있어도
좋겠다.

반대를 향하는 대신
등만 맞닿아 온기를
나눈다면

전혀 외롭지 않을 거다.

오늘은 날이 너무 좋아서
너랑 손잡고 세상의 규칙들을
어기고 싶다.

햇살이 너무 좋아서
두 갈래 길의 어디든
　너와 함께라면
두렵지 않을 것 같다.

내가 너의 행복에
한 몫이 되었으면 좋겠다.

네가 행복할 때마다
나를 떠올리도록.

그래서 너도 나의 행복에
한몫이 되려하도록.

우리 서로가 서로에게
행복이길 바란다.

존재 자체가 이미 빛이 나는 너는
나에게 행복의 이유가
되어주었지만

너는 아직 내 빛을 발견하지
못한 듯하다.

내가 더 빛나야 하는 걸까. 네가 더 보려 해야 하는 걸까.

사랑은 상처주지 않으려 애쓰고,
상대방이 행복해 할 때,
나도 함께 행복해지는 거다.

상처받을 것을 두려워하지 않고
나의 진심을 꺼내어 내미는 것이다.

나보다 상대가 우선이 되고,
내 세계가 상대방으로 가득 차는 거다.

나도 상대에게
그런 존재이길 바라면서.

배려에서 오는 따뜻함에
더욱 소중함을 느끼고

보다 소중함을 돌려주는

나의 배려로 너도
따뜻함을 느끼길 바란다.

세상은 너무 넓고 광활해서
마치 사막 한가운데에
떨어진 것처럼 길을 찾기가
힘듭니다.

인생이란 사막에서
당신이 길을 찾을 수 있도록
내가 하늘에서 금성처럼
반짝여줄게요.

아무리 어둡고, 새벽녘 어슴푸레할 때도
꿋꿋이 그 자리에서
당신을 위해 서 있을게요.

이 정도는 당신을 위해서라면
나에겐 숨 쉬는 것과도
같아요.

얼마든지 나를 사용해요.
기꺼이 사용되어 드릴게요.

어슴푸레해지는
겨울의 쌀쌀한 오후에

따뜻한 음료수를
양손에 들고 미소짓는 당신이

신호등 너머에
보였으면 좋겠어요.

그 시선 끝에
반대편에서 환하게
웃고 있는 내가 있었으면 해요.

형형색색의 다 다른 모습들 속에
우리 서로가 서로의 눈에 띄었다는 건

그만큼 서로가 서로로 인해
따뜻해질 거라는 확신이 있어서일 거예요.

더 따뜻하게 웃어주세요.
내가 달려갈게요.

같은 공간에서 같은 음악을 들으면
함께하는 느낌이 든다.

이 순간을 서로가 공유하는
느낌이 든다.

뜨지 않고 구름 뒤에 숨어버린 해와

산들산들 기분 좋게 머리카락을
샤워시켜주는 바람.

약간은 짭짤하지만 시원함이 더 큰
예쁜 조약돌 바닷가.

다리에 근육이 없어 자전거는 못타지만
대신 헬멧 없이 타는 스쿠터.

내 주변의 모든 게 함께 나와 같은
시간을 공유하도록 크게 틀어놓은 블루투스 스피커.

언제 화산이 폭발해도 받아들여질
준비가 되어있는 한라산.

내 삶의 중턱쯤에는
경험해보고 싶은 꿈같은 그림.

내 하루가 너의 물음표로 가득 찼으면 좋겠어.
나를 궁금해 하고,
내가 뭘 하고 뭘 먹었는지.
오늘 나의 하루는 어땠는지
궁금해 해줬으면 좋겠어.

아마도 나는 너의 관심이 필요한가 봐.

사실 내 하루는 너에 대한 물음표로 가득 차 있어.
네가 뭘 하고 뭘 먹었는지
누구와 어떤 일을 하는지.
너의 하루에 내가 잠시라도 머물렀는지.
나는 궁금해.

너는 나의 관심이 필요할까?

잘 모르겠어.

네 생각은 어떤지 내 귀에 살며시 속삭여줬으면 좋겠어.

내가 너의 이야기에
귀를 기울일 때

나에게 날아와 참새처럼 지저귀어 주라.

흐뭇한 미소로 바라봐줄 테니.

비가 오면 생각나는 사람이 있고.

달을 보면 생각나는 사람이 있듯이.

향기를 맡으면 생각나는 사람이었으면 한다.

내가. 너에게.

하고 많은 사람 중에
그대를 만나서
기쁘고 감사하면서도

당신도 나와 같을까
수 없이 고민해봅니다.

너라는 사람을 알게 되어서
참 기뻐.

내 부족한 부분들을 발견했을 때도.
내가 힘들어하는데 티내지 못할 때도.
너가 바쁜데 내가 혼자 있기 싫다
찡찡댈 때도.

어쩌다가 내가 이런 친구가
가까이 있다는 걸 잊고 있었을까.

이번 생에 너를 만나 참 다행이야.

나도 너에게 빛이 나는 사람이 될게.

어디에서도 알아보고 나에게 와서
도움을 청할 수 있도록.

너는 충분히 피었다.
누구보다도 빛이 나게 피었다.

그저 처음보는 찬란함에
놀란 것 뿐이다.

담대하게 그 빛남을
곧 감탄할 사람이 나타날 테니

너는 그저 지금 모습 그대로
빛이 나게. 찬란하게

피어만 있어 주라.

몽글몽글한 기분이 있다.
간질간질하기도 하고
구름처럼 둥둥 떠다니기도 하고.

사실은 누군가를 좋아한다는 말을
직접하기에 내 마음이 제대로
표현되지 않는 듯해서

이 단어로 좋아한다고
표현한다.

너를 만나서 나 지금 기분이
엄청 몽글몽글해.

밤하늘의 별을 두 눈에 담아,
곱게 고이고이 간직해서
당신에게 전달합니다.

함께 보지 못한 아쉬움에
내 눈속의 별을
그대에게 전합니다.

아쉬움에 나의 마음까지
조금 얹어서 사랑스럽게
전달해볼까 합니다.

당신은 나에게
바다를 보여주시렵니까?

오늘 하루 좀 힘들었어.
신경 쓸게 많았거든.

너는 어땠어요?

아무리 힘들었어도
네 얘기를 들을 준비는 항상 되어있어요.

나한테 털어놔 봐요.
아무말 없이 듣고 안아줄게.
내 어깨를 내어줄게.

이런 사람 흔치 않아.

놓치지 말아줘요.

행복이 찾아오면 바로 앉을 수
있도록

내 옆자리를 항상 비워둘게요.

언제든 와서
부담없이 앉아줘요.

아무리 화가 나 있더라도
풀어주는 법은 쉬워요.

조용히 다가와서
아무말 없이 뒤에서 안아주면
마음이 녹아내릴 거예요.

나를 사랑하는 법은
어렵지 않아요.

시간을 아까워하지 않고.

나를 아까워해 주길.

하루하루 나를 스쳐 지나가는
시간이

반갑기보다는
아까워서

몸부림치길 바래요.

변해가는 시간 속에서

그대는 변하지 않길.

우리는 변하지 않길.

어머니도 세상이 두렵고, 무서우실 때가
있으셨나요?

아버지도 다 그만두고 어디론가 떠나버리고
포기하고 싶을 때가 있으셨나요?

저도 그래요.

내 우주는 이미 너무 깊은 어둠이라
너를 밝혀줄 수가 없다.

나에게서 나온 단어들이 너에게로 흘러가서
네 삶의 위로가 되어주길 바랐지만,

도리어 나의 단어들이 너를 찔러버렸다.
그럴 목적도 아니었는데,
너무 날카로워서 붙잡을 수도
없었다.

나의 단어들이 이렇게까지 낯설 수 있다는 걸
처음 알게 되었다.

그대에게 나는
노란빛의 추억일까요
붉은빛의 악몽일까요?

그대에게 나는
분홍빛의 부끄러움일까요
새빨간 창피함일까요?

기댐이 간절하지만
너무 기대어 상처받을까 두렵다.

혼자 버티기엔 외로움이 너무나 커서
감당이 되질 않는다.

나의 기댐이 남에게 짐이 되는 건
원치 않는다.

어깨를 내어 줄거라는 확신이 있는
사람이 간절한 밤이다.

하루에도 몇 번씩 나를 스쳐 지나가는
무수히 많은 바람들은
나를 흔들다가 지치게 만든다.

더 이상 바람에 휩싸이기 싫으면서도
잔잔함 속에서 느껴지는 고요함이
너무나도 두렵기에

오늘도 바람에 흔들리기를 선택하고 만다.

내 전부였던 너에게
나는 전부가 아니라는 걸 깨달았을 때
하늘이 무너져 내리는 줄 알았다.

햇살 같던 너의 시선이
얼음같이 차가워졌을 때
나는 같이 차갑게 얼 자신이 없어
그냥 비가 되어 흘러내렸다.

내가 너의 전부일 순 없지만
너의 머리카락이라도 적셔보겠다고
쉼 없이 흘러내렸다.

해가 엄청 쨍쨍하게 뜬
날씨가 참 좋은 날이었다.

너에게 24시간이었던 하루는
나에게는 2초였고,

너에게 2시간 남짓한 영화는
나에게는 2분이었다.

너와 나의 시간은 너무도 달랐고,

너무 빠른 시간을 야속해하는 나를 보며
느리게만 가는 시간에 너는 지루해했겠지.

내가 눈물을 흘리던 그 순간까지도
너에게는 지루한 시간이었을 거야.

언젠가 시간이 지나고 나서
이 때를 추억할 때.

나에게는 한 순간의 예쁜, 조금은 씁쓸한 추억이지만
너에게는 모든 순간순간이
다시는 돌이킬 수 없는, 후회되는
아쉬움이길
바란다.

네가 다치지 않게 지켜주고 싶어서

혹여나 위험한 것들에 네 발이 다칠까
바닥을 살펴가며
내가 먼저 밟아보며
조심스레 걷던 걸음에

옆에서 내내 손 내밀던 너는
잡아주지 않는 내가 야속해서

내가 바닥을 살피는 사이
뒤돌아 가 버렸다.

그것도 모르고 나는
너를 위해 계속 바닥을 살폈다.

지금까지도.

"우리"라는 이름으로 만들어가던
예쁜 꿈들이

"내"가 만드는
나만의 꿈이 되어버렸다.

기대라는 건
사람을 피 말리게 만들곤 한다.

일어나지 않은 일을
일어난 것처럼 착각하게 만들고

일어나지 않았을 때는
너무 큰 상처를 주고 만다.

기대하지 않았다면
상처받을 일도 없었을 텐데.

일어나지 않은 일이 현실이 되고,
일어나지 않았을 때
착각이었음을 깨닫는다.

새해에는 뭔가 더 좋은 사람이
되어야겠다고 다짐했었다.

남에게 잘하려고 하다 보니,
내가 좋은 사람이여 봤자 그들이 나에게
좋은 사람일 거라는 보장이
없다는 것을 깨달았다.

애초에 기대를 하지 말았어야 했는데.

사실 나는 그냥 나에게 좋은 사람이
되면 되는 것이었는데.

나도 나쁜 사람이 되고 싶었다.
사람들이 말하는 쌍년이 되고 싶었다.

하지만 그러려면
나에게 소중한 사람들에게도
상처를 입혀야 하기에

포기하고
나에게 스스로 상처입히기를
택했다.

들키지 않게 은밀하게
아주 조심히.
조금씩 조금씩

상처를 내기 시작했다.

마치 굶주림에 허덕이는 것처럼.

나는 너의 사랑에
허덕였다.

조금이라도 나에게 사랑을 주려하면
기다렸다는 듯이
게걸스럽게 먹어 치워버리고는
또다시 갈망하는 손길에
너도 지쳤으리라.

미안하다. 조절 되어지지 못한
나의 갈망에
힘들었을 너에게 사과한다.

하지만 그만큼 나를 목마르게 한
너도 나에게
부디 사과하기를.

나를 알면 알수록
나를 피하고 떠나버리면
내가 나를 감출 수밖에 없잖아.

나를 보여 달라고 하더니
보여줘야 되는 건지
숨겨야 하는 건지
나도 모르겠잖아.

파랗고 시원한
겨울바다를 보러 떠나고 싶다던
너와 함께
겨울바다에 가고 싶다.

너는 없지만
혼자서라도 가보려 했지만
차마 용기가 안 나
발걸음이 떨어지지 않았다.

나에게 겨울바다는
너와 함께하는 장소고
이미 너무 깊숙이 인식되어서
갈 수가 없었다.

낡은 서고에서 누군가의
손길을 기다리는 헌 책처럼.

나는 하염없이
그 자리에서 울었다.

정말 외로울 때는
가위눌릴 때 가끔 마주치던
귀신조차 행방불명이다.

나의 시간을
당연하게 생각하지
말아줬으면
해요.

나는 당신의 시간을
단 한번도
당연하게 생각한 적이
없습니다.

내 인생의 주인공은 나였어야 했는데.
자연스럽게 네가 주인공이 되어버렸다.

항상 널 궁금해하고.
너의 시간들을 함께하고 싶어하고.

그렇게 너는
나의 이야기에
나를 밀어내고
주인공이 되어버렸다.

언젠가는 상처 받지 않길.

내가 너를 소중히 여기는 만큼
너도 나를 소중히 여겨주길.

내게 상처주지 않으려 노력하고,
외로움을 느끼도록 내버려두지 않고,
기댈 수 있게 어깨를 내어주고,
낭떠러지에서 손 내밀어주길.

나는 너에게 그런 사람이 이미 되어있길.

오늘도 작게 기도해본다.

진심을 다해 누군가를 대하면
그 마음과 태도를 감사하고 더 소중하게 여겨주는
사람이 있는 반면,

자신의 못된 본성을 꺼내어 받아주길
요구하는 사람도 있다.

내가 객관적으로 나를 볼 수 있다면 참 좋겠다.

나의 모든 실수들과 편견들
잘못들을 알 수 있을 텐데.

하루하루 모든 순간에
나의 행동들과 표정, 말투에
지레 겁먹고, 계산하며
상대의 반응을 두려워하지 않아도 될 텐데.

내가 너에게 달이었으면 좋겠다.

빛나지만 너무 멀리 있어서
쳐다 볼 수밖에 없는

막상 가까이 다가가 보면
빛이 없는

달이었으면 좋겠다.

정말 미안하지만
나는 당신의 상처를 치료해줄 수 없다.

이미 내 상처가 너무 크기에.

정말 미안하지만
나는 당신을 이해해줄 수 없다.

이미 나를 이해하기도 벅차기에.

하늘에 구름 한 점 없이
새파란 날은
서글프다.

구름이 있어야 할 자리가
비어있다.

실날 같은 희망 하나에
모든 것을 걸고
간신히 부여잡고
있는데

그 실날이 썩은
줄이었다는 걸
깨닫는 순간
하염없이 울지도
크게 웃지도
못하고

내 모든 사고가
정지되어 버렸다.

그 와중에도 손은
줄을 놓지 못하고
있었다.

나의 하늘에 먹구름이 끼던 날.

운동장 바닥에는 눈물들로 패인 자국이 생겼고,
내 짜증에 나무들이 두 동강이 났다.

나의 하늘에 해가 뜨던 날.

눈물 자국으로 패였던 운동장 바닥은 말랐고,
짜증에 두 동강 났던 나무들은 사라지고
새로운 나무가 심어졌다.

나의 하늘에 시린 눈물이 서린 날.

세상은 모두 얼어버렸고,
나 혼자 울었다.

쏟아지는 잠은
내 눈꺼풀을 적시고
무겁게 눌러서
땅과 가까워지게 만들고,

내 우주를 잠시
빌려가서
그 동안은 아무 기억도
없게 만들고,

나의 시간을
몰래 훔쳐서
하루에 빈 공간이
생기게 만든다.

학교로 향하는 두 갈래 길이 있다.

미신을 믿지는 않지만.

왠지 오늘은 꼭 이 길로 가야만 할 것 같은 날이 있다.

그대의 마음 속의 나는
대체 어떤 모습인 걸까요?

당신들의 머릿속에 나는
대체 어떤 색깔인 걸까요?

자네들의 생각 속에 나는
대체 어떤 느낌인 걸까요?

현실의 나와 일치하는 게
단 하나라도 있을까요. 없을까요.

나는 당신들에게
대체 어떤 존재인 걸까요?

어릴 적 기억 속에 어머니는
항상 시험 공부를 하느라 바쁘신 모습이었고,
밥을 챙길 여유도 없이
공부에 매진하셨다.

원래 어머니들은 다 그런 줄로만 알았는데
친구 어머니가 친구를 챙기는
모습을 보고 어머니께 짜증을 냈다.

"남들의 마음은 다 헤아리고 치유하면서
막상 딸인 내 마음은 왜 바로 옆에
있으면서도 조금도 알아차리지 못해요?
왜 남만을 위해 공부하세요?"

시간이 지난 지금에야 깨달았다.
나를 이해하기 위해, 치유하기 위해
다른 사람을 통해 연습 중이셨던 거였다.

나에게 실수하지 않기 위해
너무 소중해서 더 조심스럽게
열심히 다가오시는 중이었다.

예쁘게 떠오르는 하늘의 달을
참 좋아하던 너는

달을 볼 때 유난히 예뻤다.

예뻤었다.

하루하루가 길어지고
나무들의 그림자들이 늘어지기 시작하면
세상의 모든 것들이
점점 눈을 감아버리면서
세상이 나른해진다.

나른해진 세상 속에서

더 나른해져버린 나는
힘겹게 잡고 있던 눈꺼풀을
슬며시 놔버리고
저기 저 깊은
잠의 나락 속으로
빠져버린다.

하고 많은 별들 중에
나에게 유독 빛나준 네가,
너무 어여쁘고 고마워서

다시 하늘로 보내 주었다.

주먹만한 손을 펼쳐
내밀었을 때.

그 안에 들어있는 조그만 희망이

주먹보다 큰 손의 어른들에 의해
희생되어지는 일이 없길.

날개를 달아줄지언정
날개를 떼어내는 일은 없길.

아쉽다는 건

그만큼 내가 다 쏟아내지 못했다는 것.

이 세상 모든 사람들이
자기만의 이야기를 가지고 산다.

내 이야기는 그 중에
제일 나에게 와 닿을 뿐이고.

그걸 이해해주는 사람이 있다면

진심으로 감사할 따름이다.

나를 생각해주고,
나를 진지하게 위로해줄 사람들이
있다는 걸
잊고 있었다,

잊어버리고 있었다.

행복해서 깨어나기
싫은 꿈을 꿨던 게
도대체 언제였더라.

버리지 못해 방 한쪽 벽을 가득 메운 옷들처럼

정리하지 못한
내 욕심들도

어느 샌가 그렇게 쌓여있더라.

내가 너의 위로가 되어 줄게.
위로가 될진 모르겠지만
노력이라도 해보려고 해.

너의 작고 여린 마음이
힘이 들고 멍이 들었다면

치료해주진 못하겠지만
옆에서 함께 울어줄게.

나만의 색깔
나만의 느낌

너만의 색깔
너만의 느낌

우리의 색깔
우리의 느낌

우리의 향기
우리의 느낌

스쳐지나가는 수많은 바람에
물기 가득 머금은 검은 별을
너에게로 흘려보내.

뾰족한 햇살이 너를 찌른대도
검은 물방울에 스쳐
과녁을 잃을 수 있도록.

나의 인생은 너무나도 불안정하기에
온전함을 갈구하고 목말라한다.

한 발짝 다가섰다고 생각이 들면
나에게서 두 발짝 물러난다.

뽀오얗고 하얀
뽀송뽀송 뽀짝뽀짝한
새 수건이 되고 싶어요.
그런 사람이고 싶어요.

조금이라도 때가 탄 사람이
다가오면 바로 더러워져 버려서

애초에 다가오지 못하는
새하얀 수건이고 싶어요.
그런 사람이고 싶어요.

눈이 시릴 만큼 하아얀
겨울이 되면
해봐야지
했던 모든 것들을
하나도 해보지 못하고
봄이 다가온다.
뚜벅뚜벅.
눈치 없는 새끼.

이룰 수 없는 바람에
아쉬운 눈물 한 방울 실어 보내어

이룰 수 있는 누군가에게
꼭 닿기를.

오늘 당신의 하루는 어땠는지
궁금해요.

당신의 하루 속에 내가 아주
잠시라도 머물렀었는지 궁금해요.

하루가 나로 가득 찰 순 없겠지만

나 때문에 잠시라도 행복한 순간이
있길 바라요.

염치가 없지만.

다음에도. 앞으로도. 계속

제 부모님으로. 가족으로
계셔주세요.

계절이 바뀌듯
아버지의 뒷모습도 바뀌어야 하는데
계절의 개수만큼
아버지의 변화도 함께해야 하는데

아버지는 나를 위해
계절을 포기하셨다.

봄 여름 가을 겨울이 아니라
기쁨이 아빠, 아버지, 남편, 가장으로
사계절을 겪어가신다.

오늘 눈이 부어 있도록
어젯밤에는 하염없이 울었다.

나에 대한 미안함과 억울함과
살고 싶지 않다는 마음과 분노들이
온 데 합쳐서 터져버렸다.

어쩌다가 내가 여기에 와 있는지
왜 소리조차 내지 못하고 그 수많은 눈물방울들을
떨구기만 하고 있는지.

나 자신이 너무도 안쓰럽고 화가 났다.

널 소홀히 여기고 대한
나의 잘못도 있지만.

이렇게 되기까지 방치해둔
오히려 더 상황을 만들어버린
또 다른 나의 잘못이 크다.

울고 싶을 때는 더 크게 울었으면 좋겠어.
네가 소리내지 못하고 우는 게
나는 제일 마음이 아프고 화가 나.

우리 조금 더 소중하고 귀한 사람이 되어보자

쁨아.

25살이면 어른이라고 생각했었는데
어느새 내가 25살이 되었고,
25살의 나는 아직 너무나도 어리고
제대로 여물지 못한 25살이었다.

25살이라면 세상을 혼자 살아가고
스스로 어떤 일도 해결할 거라 생각했는데,
막상 25살의 나는 아직도 보호가 필요하고
누군가의 돌봄이 필요한 아기 같은 25살이었다.

어머니는 25살에 이미 어머니가 되어
아기를 키우고 계셨지만
25살이 된 나는 결혼조차 못하고
아직 결혼할 상대조차 찾지 못했다.

25살의 나는 5살의 나와 별다른 차이가 없는
아이 같은 25살이다.

내가 자꾸 거듭 나를 마주하려 할수록

지금까지 쌓아왔던 벽은
지탱할 힘을 잃어 무너지려하고

다시금 쌓아왔던 벽을 더 튼튼히
지탱하고자 하면

마주하려 노력했던 내가
다시 저만치 멀리로 도망가 버린다.

둘 중의 어느 것을 잡아야 할지
제대로 결정할 시간도, 틈도 주지 않은 채

가운데에서 미쳐버리고 있는
나를 발견하고는
안타까워할 뿐이다.

내가 이 세상에 태어난 이유는
수없이 많겠지만

내가 확실히 알고 있는 건
하나 뿐이다.

누구보다도 행복하고
사랑받기 위해 태어났다.

나는.

난 아직 어리고 하고 싶은 것도 많은데
왜 자꾸만 앞을 막아서요.

난 아직 해볼 것, 가볼 것, 먹을 것, 경험할 것들이
수없이 펼쳐져 있는 것만 같은데
왜 자꾸 세상의 잣대를 들이대면서
'안된다'고만 하는 걸까요.

아직 시도조차 안 해봤으니 나와 봐요.

함께 가자는 말 절대로 안 할 테니까
뒤에 물러서서 구경이나 하고 계세요.

내가 잘 날아갈지.
아니면 추락해버릴지.

같이 하자고 절대 안해요.

그냥 지켜만 봐요.
그것도 싫으면 집에 가셔서
주무시기나 하실래요.

방해는 하지 마시고요.

잠에 취해
정신 못 차리고 꿈속을 헤메일 때,

어스름하게, 희미하게
누군가가 내밀어 준 손을 잡은
작고 따뜻한 꿈에
행복한 잠을 잔 기억이 있다.

비몽사몽 깨어나서
침대에 널부러져 있는 나에게
간호사 언니가
이모님이 맡기고 갔다며
산타할아버지의 선물꾸러미를
2월에 내밀었다.

눈이 오려나보다.
희고 예쁜 눈이.
돌아가시는 발걸음이
쌓인 눈 위에 찍혀
내가 알아볼 수 있도록.

내 2월의 크리스마스.

향긋한 커피에
기분이 좋아지고.
정신이 말짱해지죠.

향긋한 커피에
중독이 되어 버려서
눈 아래 어둠이 깊어져 버리죠.

소리를 더 크게 틀어줘.
음악에 내 목소리가 묻혀 버리도록.

내가 너에게 하고 싶었던 말들을

부끄럼 없이 모두
뱉어낼 수 있도록.

관심이 필요한 건지

애정이 필요한 건지

사랑이 필요한 건지

폭풍 전 파도가 잠잠하듯이.

환하게 웃고 있는 너도

툭 치면 눈물이 떨어질 듯이
그렁그렁 맺힌

슬픈 눈을 하고 있잖아.

어차피 혼자 살아가야 하고
스스로 살아남아야 하지만

가끔은 누군가에게
기댈 줄 아는 용기도
필요한 것 같다.

맨 처음 사람을 만나거나
어떤 공간에 들어서면
일반적인 기준을 모르기 때문에

어떠한 색깔이나 이미지나 냄새가
난다. 느껴진다.
그걸로 사람을 판단까지는 아니어도
기억하고 느낀다.

노랗게 따뜻한 빛이 나는 사람.
옆에 함께 있으면 나까지
따뜻해질 것 같은 느낌이 드는 사람.

혹은
악취가 나거나 시커멓게 어두운 것들을
끌고 다니는 사람.

파스텔 색깔로 반짝반짝 빛이 나는
크리스마스트리의 전구 같은 사람.

내가 보는 세상이
네가 보는 세상과
다르다는 걸 이제야 알게 됐다.

그래서 너와 나의 대화 속에는
묘한 다름이 존재했구나.

그럼에도 서로를 이해하려
무던히 노력해왔구나.

처음에는 하늘색이었는데,
연노랑색이 희미하게
묻어나는 신기한 사람.

알면 알수록
연노랑색은 선명해지고,
연두색이 되어가는 사람.

나는 항상 바다에 가고 싶다 했다.

왜인지 모르겠지만

막상 가면 무서워서 들어가지도 못하고
하염없이 바라보기만 하면서.

그래로 바다에 가고 싶어 했다.

주름이 진 어르신들의 세월을 보면.
아직 어린 나는 알 수 없고, 헤아릴 수조차 없는
수많은 행복과 시련. 눈물. 웃음과 같은
감정들이 빼곡하게 자리잡고 있다.

주름이 생기는 이유에 대해
고민해본 적이 있다.

나이를 나타내는 거라는 통상적인 이유 말고.

아마도 감정기록지가 아닐까.

지혜도. 경험도 아닌 그저 지금까지
배워온 감정들을.
말로 다 표현할 수 없는
그 감정들을.
주름 사이에 차곡차곡
담아 놓았나 보다.

남들이 나를 공감해 주지 못하는 게 아니라.

내가 나를 공감해달라
꺼내놓은 적이 아예 없었던 것은 아닐까?

제대로 나이가 들 수 있다면
빨리 어른이 되고 싶다.

인생의 지혜와 함께
세상을 바라본다는 건.

날이 저물 때,
노을을 바라보는 기분일 듯해서.

숨 쉬고 살아있는 것만으로도
매 분, 매 초 돈이 든다.

당신의 뺨에 흐르는 눈물을 닦아주고,
깊이 떨어지기 전에 잡아줬던 손을
잊어버리지 말아줘요.

어쩌면 나는 순수한 마음이 아니라
당신의 도움이 필요해서
먼저 다가갔을 수도 있거든요.

상상만했던 일들이
현실로 다가오게 될지 몰랐을 때는

소원하던 일들이
배로 이뤄질지 몰랐을 때는

내가 나를 소중히하지 못하고
내가 너무 작게만 느껴졌지만.

이젠 안다.

충분히 능력과 힘이 있고.
나의 세계는 아직 너무 넓어
더 채워지길 기다리고 있다.

내 작은 실수들에
발이 메여서
좌절하지 말고

더 큰 것들로
실수를 발판삼아
채워나간다면

더 이상 그 작은 실수는
보이지도 느껴지지도
않을게요.

누군가에게

내가 기쁨이 될 수

있다면.

내 향기로운 꽃들에게

학구열이 높고, 열정이 가득했던 소녀 꽃은 어느새 두 자매의 어머니가 되고

그림을 좋아하고 하고 싶은 게 확실했던 회장님 꽃은 한 가정의 가장이 되기까지

나는 절대 알 수 없는 두 꽃만의 이야기는 아직 끝나지 않고 현재 진행 중입니다.

역경과 고난 뒤에 행복이 찾아온다는 말처럼

유난히 순탄치 못했던 두 꽃의 길가에도 곧이어 어여쁜 꽃밭이 피어나겠지요.

삭막한 벌판에서 피어난 두 꽃은 무에서 유를 만들어 나갔고

겪어보지 않은 나로서는 얼마나 험난할지 가늠이 되지 않지만,

조금만 고개를 돌려보면 그 길가에도 작고 소중한 꽃들이 가득할 테지요.

두 꽃은 누구보다도 그걸 잘 알기에, 두 손 꼭 잡고 그 길을 걸어왔을 거예요.

세상 누구 몰라줘도, 우리만은 분명히 아는 이야기를 시작해 주어 감사합니다.

두 꽃이 손을 마주 잡지 않았더라면 시작되지 않았을 우리의 이야기를요.

값비싼 튤립은 아니더라도 그보다 더 귀한 진디 꽃의 잔잔한 아름다움을

알게 해 주셔서 감사합니다.

유난히 더운 여름과 유난히 추운 겨울 차례로 두 씨앗을 싹틔워 주어 감사합니다.

네 꽃이 피워내는 향기는 사랑의 모양새를 띄고 있고, 향기가 참 답니다.

이제 첫째 꽃이 써나가려 하는 이야기들과 피워 내려 하는 향기를 응원해 주세요.

예쁘게 꽃 피워 향기로 보답할게요.

향기를 맡고, 웃음 한 줌 보내주세요. 그러면 됩니다.

세상의 어떤 꽃들보다도 귀하고 빛이 나는 당신들을 사랑하고 응원합니다.

첫째 꽃 쁨

스물다섯

최기쁨 지음

초판인쇄	2020년 8월 05일
초판발행	2020년 8월 10일

지 은 이	최기쁨
발 행 인	이영옥
편 집	이설화
발 행 처	도서출판 이든북
출판등록	제2001-000003호
주 소	대전광역시 동구 태전로 30 (광진빌딩 2층)
전화번호	(042)222-2536
팩시밀리	(042)222-2530
전자우편	eden-book@daum.net
카 페	http://cafe.daum.net/eden-book
블 로 그	https://blog.naver.com/foreverlyo5

ⓒ 최기쁨, 2020

ISBN 979-11-90532-53-2
값 10,500 원

* 잘못된 책은 바꾸어 드립니다.
* 이 책 내용의 일부 또는 전부를 재사용하려면
  반드시 저자와 이든북 양측의 동의를 받아야 합니다.